Ateliers
RENOV'LIVRES S.A.
2003

INSTRUCTION

SUR

L'EXERCICE

DE LA

CAVALERIE.

Du 14 Mai 1754.

A PARIS,

DE L'IMPRIMERIE ROYALE.

M. DCCLIV.

TABLE

DES

TITRES CONTENUS DANS L'INSTRUCTION
SUR L'EXERCICE DE LA CAVALERIE,
du 14 Mai 1754.

INSTRUCTION

INSTRUCTION

SUR

L'EXERCICE

DE LA

CAVALERIE.

Du 14 Mai 1754.

E ROI s'étant fait rendre compte des différentes obfervations qui ont été faites, tant dans les camps que dans les garnifons, concernant l'Inftruction qui a été envoyée l'année dernière pour l'Exercice de la Cavalerie; Sa Majefté, après avoir arrêté ce qu'Elle a jugé convenable d'y changer, a fait rédiger la préfente Inftruction, à laquelle fon intention eft qu'on fe conforme exactement dans tous fes régimens de Cavalerie, tant françoife qu'étrangère, fans y contrevenir en quelque chofe & fous quelque prétexte que ce foit.

A

DES
OBLIGATIONS DES OFFICIERS.

Les Officiers feront tenus de s'inftruire de ce qu'ils doivent commander aux Cavaliers.

Pour cet effet, les Commandans des corps tiendront la main à ce que non feulement les Officiers majors, mais auffi ceux des compagnies & les Maréchaux-des-logis, fe mettent au fait de tout ce qui a rapport au maniement des armes, & qu'ils le fachent affez bien exécuter pour pouvoir l'apprendre à leur troupe.

Ils ne recevront point les nouveaux Officiers à leurs emplois, que leur capacité à cet égard n'ait été auparavant bien reconnue par l'épreuve qui en fera faite en leur préfence & celle du Commandant de la place où le régiment fera en garnifon.

Quand les régimens feront raffemblés, ceux qui les commanderont feront commander devant eux à chaque compagnie, par leurs Officiers particuliers, les différens maniemens des armes & les manœuvres indiquées pour une compagnie, afin de s'affurer que ces Officiers foient en état de bien inftruire leurs compagnies lorfqu'elles feront féparées.

Ils leur feront auffi commander toutes les manœuvres indiquées pour un détachement.

DE L'ECOLE DU CAVALIER.

La première inftruction à donner à un Cavalier, eft de lui apprendre à connoître fon cheval & toutes les

parties de fon équipement, ainfi que leur ufage, afin
qu'il fache le brider, le gourmer, le feller & le harna-
cher de tout point, & la manière dont il doit le charger.

Enfuite on le fera monter à cheval & on l'y placera;
on l'inftruira comment il doit tenir fa bride & s'en fervir
pour conduire fon cheval, de la manière de porter fes
étriers, de la longueur dont les étrivières doivent être,
& de l'ufage qu'il doit faire de fes jambes & de fes
éperons. Enfin on le fera trotter quelque temps fans
étriers, pour lui faire trouver le fond de la felle, & lui
donner plus de fermeté à cheval.

En même temps qu'on occupera les Cavaliers à ces
premières inftructions, on les exercera un à un, ou deux
à deux tout au plus, aux différens maniemens des armes,
d'abord à pied & enfuite à cheval, leur en montrant
tous les principes.

Les Maréchaux-des-logis feront principalement chargés
de ce foin à l'égard des Cavaliers de recrue, qui feront
cependant exercés très-fouvent par leurs Officiers, foit dans
les garnifons ou dans les quartiers, & que l'Aide-major
raffemblera quand le régiment fe trouvera réuni, pour
leur faire répéter ces exercices.

DU MANIEMENT DES ARMES
A PIED.

LE Major commencera par cet avertiffement:

Prenez garde à vous; vous allez faire le manie-
ment des armes.

Les Cavaliers regarderont s'ils font bien alignés à un pas

de diſtance l'un de l'autre, les deux pieds ſur la même ligne, ſéparés de deux pouces, le mouſqueton droit dans le creux de l'épaule gauche, la croſſe appuyée au deſſus de la hanche ſur la main gauche, le premier doigt ſur la vis & le pouce au deſſus, le coude en arrière ſans être gêné, la main droite pendante.

Lorſqu'ils feront ſur pluſieurs rangs, ils garderont entre ces rangs la diſtance de quatre pas ou de douze pieds.

COMMANDEMENS.

1. *A droite.*

2. *A gauche.*

Ces deux commandemens s'exécuteront chacun en un temps, tournant ſur le talon gauche, & portant le droit ſur la même ligne.

3. *Demi-tour à droite.*

4. *Demi-tour à droite.*

Ces deux commandemens s'exécuteront chacun en trois temps: au premier, on portera le pied droit derrière le gauche, les deux talons à quatre pouces de diſtance l'un de l'autre.

Au deuxième, on tournera ſur les deux talons à droite, juſqu'à ce que l'on faſſe face du côté oppoſé.

Au troiſième, on reportera le pied droit à côté du gauche.

5. *Préſentez le mouſqueton.*

En deux temps: au premier, on portera la main droite à la poignée ſans remuer le mouſqueton.

Au deuxième, en tournant le poignet droit, on portera le mousqueton devant soi, entre les deux yeux, le canon en dedans, mettant le pouce sur le chien, & tenant la poignée sous la soûgarde avec les quatre autres doigts; on saisira en même temps le mousqueton de la main gauche, la tenant à la hauteur du menton, le pouce alongé le long du bois, au dessus de l'extrémité supérieure de la platine, le bas de la crosse appuyé contre le ventre.

6. *Apprêtez le mousqueton.*

En un temps : on armera le mousqueton de la main droite seule, en tirant le chien en arrière, jusqu'à ce qu'on l'ait entendu se loger dans le cran.

7. *En joue.*

En un temps : on portera la crosse à l'épaule droite, lâchant le pied droit quatre pouces en arrière sur la même ligne que le gauche, le genou gauche un peu plié, le jarret droit tendu, la pointe du pied gauche vis-à-vis le bout du mousqueton, les talons sur la même ligne, le coude droit serré ; on remettra en même temps le pouce sur la poignée, & on fera entrer les deux premiers doigts dans la soûgarde.

8. *Feu.*

En deux temps : au premier, on appuyera avec force les deux premiers doigts sur la détente, sans faire d'autre mouvement.

Au deuxième, on laissera tomber le mousqueton horizontalement, ou armes plates, au dessous du ceinturon, le poignet gauche contre la hanche, les deux pieds égaux sur la même ligne, le pouce de la main gauche alongé le long du bois & du canon, le pouce de la droite sur le chien.

9. *Mettez le chien en son repos.*

En un temps : on tirera le chien en arrière, jufqu'à ce qu'on ait entendu le reffort fe loger dans le cran du repos, & tout de fuite on remettra la main droite appuyée contre la poignée du moufqueton.

10. *Prenez la cartouche.*

En un temps : tenant le moufqueton ferme avec la main gauche, on portera la droite brufquement au porte-cartouche, à droite pour en tirer la cartouche.

11. *Déchirez-la avec les dents.*

En deux temps : au premier, on portera la cartouche à la bouche pour la déchirer.

Au deuxième, on la portera brufquement près du baffinet·

12. *Amorcez.*

En un temps : tenant la cartouche avec les deux premiers doigts, on la preffera un peu, on remplira le baffinet de poudre, on mettra le pouce fur l'ouverture de la cartouche, & on portera la main droite derrière la batterie.

13. *Fermez le baffinet.*

En un temps : on fermera le baffinet avec les derniers doigts, tenant la cartouche fermée du pouce & du premier doigt ; & l'on portera le côté de la main entre la platine & la croffe.

14. *Paffez le moufqueton du côté de l'épée.*

En deux temps : au premier, on fera un à gauche & demi, en portant le pied droit en avant du gauche, & on portera en même temps le moufqueton droit devant foi du côté gauche, le canon en dehors, faifant glffer la main gauche au milieu du canon.

Au deuxième, la main gauche laiſſant tomber le mouſqueton, la croſſe à terre ſur le côté gauche, le canon en
dehors, on le ſaiſira des deux derniers doigts de la main
droite, à deux pouces du bout du canon.

15. *Mettez la cartouche dans le canon.*

En un temps : on mettra la cartouche dans le canon en
la preſſant d'abord pour en faire ſortir la poudre ; on ſaiſira
la baguette de la main droite avec le pouce & le premier
doigt qu'on repliera en deſſous, ainſi que les autres, alongeant le pouce vers le bout de la baguette.

16. *Tirez la baguette.*

En un temps : on la tirera tout de ſuite, on la ſaiſira
par le milieu, & on la retournera la main renverſée, tenant
le bras haut, demi-tendu, préſentant le gros bout vis-à-vis
& dans la même direction que le canon.

17. *Bourrez.*

En un temps : on bourrera ferme deux fois ſeulement.

18. *Remettez la baguette.*

En un temps : on retirera la baguette, la ſaiſiſſant par
le milieu la main renverſée ; on la retournera & on la
remettra tout de ſuite en ſon lieu, replaçant la main
droite au bout du mouſqueton, le pouce alongé le long
du bois.

19. *Préſentez le mouſqueton.*

En deux temps : au premier, quittant le mouſqueton
de la main droite, on le lèvera devant ſoi de la main
gauche, la portant à la hauteur du front, entre la tête &
l'épaule gauche, & on le ſaiſira de la main droite à la
poignée.

Au deuxième, retirant le pied droit à côté du gauche, on retournera le mousqueton de la main droite, & on le portera devant soi entre les deux yeux, le canon en dedans, mettant le pouce sur le chien, & tenant la poignée sous la soûgarde avec les quatre autres doigts : on glissera en même temps la main gauche à la hauteur du menton, le pouce alongé le long du bois au dessus de l'extrémité supérieure de la platine, le bas de la crosse appuyé contre le ventre.

20. *Portez le mousqueton.*

En deux temps : au premier, tournant le canon en dehors, on portera de la main droite le mousqueton, vis-à-vis l'épaule gauche, & on placera la main gauche sous la crosse.

Au deuxième, on laissera tomber le mousqueton dans le creux de l'épaule gauche, & la main droite tombera pendante sur le côté.

21. *Reposez-vous sur le mousqueton.*

En quatre temps : au premier, on portera la main droite à la poignée.

Au deuxième, on présentera le mousqueton.

Au troisième, on portera le mousqueton à droite de la main gauche, & on placera la main droite au bout du canon, tenant le mousqueton droit, la soûgarde en avant, la crosse à un demi-pied de terre, & la main gauche tombera pendante sur le côté.

Au quatrième, on laissera tomber la crosse du mousqueton à terre, à la droite de la pointe du pied droit, observant de retirer le pied droit en même temps que le mousqueton arrivera à terre, & de le replacer aussi-tôt.

22. *Posez le mousqueton à terre.*

En quatre temps : au premier, on tournera sur les deux talons

talons à droite, & on retournera en même temps le mouſqueton, de façon que le canon ſoit vers le corps, &
que le pied droit ſoit derrière la croſſe.

Au deuxième, laiſſant couler la main droite juſqu'à la
grenadière, on fera un grand pas en avant du pied gauche,
& on couchera le mouſqueton par terre, la platine en
deſſus, tenant la main gauche ſur la cuiſſe.

Au troiſième, on ſe relèvera en retirant le pied gauche,
les deux bras pendans.

Au quatrième, on ſe remettra en tournant ſur les
deux talons à gauche.

23. *Reprenez le mouſqueton.*

En quatre temps : au premier, on tournera ſur les
deux talons à droite.

Au deuxième, on fera un grand pas en avant du pied
gauche, & on reprendra le mouſqueton avec la main
droite à la même hauteur qu'on le tenoit en le poſant
à terre.

Au troiſième, on ſe relèvera en retirant le pied gauche.

Au quatrième, la main droite gliſſant à deux doigts
du bout du canon, retournera le mouſqueton, la ſoûgarde
en dehors, & on tournera ſur les deux talons à gauche.

24. *Portez le mouſqueton.*

En quatre temps : au premier, on élèvera le mouſqueton de la main droite en le rapprochant du corps, &
la main gauche le ſaiſira au deſſus de la platine.

Au deuxième, on le ramènera devant ſoi de la main
gauche, la main droite le ſaiſiſſant à la poignée dans
l'attitude preſcrite pour préſenter le mouſqueton.

Les deux derniers temps comme au vingtième commandement.

B

25. *Mousqueton à la grenadière.*

En trois temps : au premier, on portera la main droite
à la poignée.

Au deuxième, on portera le mousqueton en travers
au deſſus de la tête, la platine en deſſus ; on paſſera tout
de ſuite la tête & le bras droit entre la grenadière & le
mousqueton, qu'on laiſſera tomber à droite.

Au troiſième, on pouſſera la croſſe en arrière de la
main droite, qu'on laiſſera pendante, la gauche devant ſoi.

26. *Préparez-vous pour mettre le ſabre à la main.*

En un temps : paſſant le poignet de la main droite dans
le cordon, on ſaiſira la poignée du ſabre & on dégagera
un peu la lame de dedans le fourreau.

27. *Sabre à la main.*

En un temps : on tirera bruſquement le ſabre, & on
le portera à l'épaule droite, le dos de la lame appuyé
contre l'épaule, le poignet à la hauteur & près de la
hanche.

28. *Remettez le ſabre.*

En deux temps : au premier, on mettra le ſabre en
travers devant ſoi à la parade, la pointe plus élevée que
la poignée.

Au deuxième, on ſaiſira le fourreau de la main gauche,
& de la droite on préſentera le ſabre à l'entrée du fourreau ; on l'enfoncera tout de ſuite juſqu'à la garde, laiſſant
tomber enſuite la main droite à côté, & la gauche devant
ſoi.

29. *Portez le mousqueton.*

En deux temps : au premier, on prendra avec la main droite la crosse du mousqueton, pour le tirer en avant, & passer tout de suite le bras droit entre le corps & le mousqueton qu'on saisira par dessous à la poignée; on le passera en travers par dessus la tête, & on le portera vis-à-vis l'épaule gauche, la main gauche sous la crosse.

Au deuxième, on appuyera la crosse de la main gauche au dessus de la hanche, comme à l'avertissement.

Outre les commandemens ci-dessus, les Cavaliers sauront encore exécuter ceux qui suivent.

1. *Passez la platine sous le bras gauche.*

En quatre temps : au premier, on portera la main droite à la poignée.

Au deuxième, on portera le mousqueton de la main droite vis-à-vis l'épaule gauche, le canon en dehors, plaçant la main gauche au dessous du porte-baguette d'en bas.

Au troisième, on passera la platine sous le bras, la main droite accompagnant le mousqueton.

Au quatrième, on portera brusquement la main droite pendante sur le côté.

2. *Portez le mousqueton.*

En trois temps : au premier, on portera le mousqueton en avant de la main gauche, en le relevant & le saisissant en même temps de la main droite à la poignée, le canon en dehors, les bras tendus, la main gauche à la hauteur de la bouche.

Au deuxième, on portera la main gauche sous la crosse.

Au troifième, comme au deuxième temps du vingtième commandement.

3. *Renverfez le moufqueton.*

En cinq temps : au premier, on portera la main droite à la poignée.

Au deuxième, on portera le moufqueton devant foi de la main droite, la platine en dehors : on renverfera la main gauche qui faifira le canon au deffous & contre le porte-baguette, & on la tiendra à la hauteur de la bouche.

Au troifième, on renverfera le moufqueton de la main gauche, de manière que la croffe porte entre le bras droit & le corps, on le tiendra le canon en dehors, & la croffe à la hauteur de la bouche, & on l'empoignera tout de fuite de la main droite à la poignée.

Au quatrième, on paffera le moufqueton renverfé fous le bras gauche, gliffant la main gauche le long du canon, de façon que la croffe foit appuyée à l'épaule.

Au cinquième, on portera brufquement la main droite pendante fur le côté.

4. *Portez le moufqueton.*

En quatre temps : au premier, on reportera le moufqueton en avant de la main gauche, & on joindra tout de fuite la main droite à la poignée.

Au deuxième, on le tournera brufquement le bout en haut, fans le quitter de la main gauche, le canon en dehors, le reprenant de la main droite, le pouce alongé fur la contre-platine.

Au troifième, on le portera vis-à-vis l'épaule gauche, la main gauche fous la croffe, le bras gauche tendu.

Au quatrième, comme au deuxième temps du vingtième commandement.

DU MANIEMENT DES ARMES
A CHEVAL.

LE Major commencera par cet avertiſſement:

*Prenez garde à vous ; préparez-vous pour faire
le maniement des armes.*

Les Cavaliers ajuſteront les rênes en deux temps.

Au premier, on prendra le bout des rênes par deſſous
le bouton, avec le pouce & les deux premiers doigts de
la main droite ; on les élèvera devant ſoi, & on placera la
main gauche à un pouce au deſſus du pommeau & à un
demi-pied en avant du corps, le petit doigt paſſé dans les
rênes.

Au deuxième, on laiſſera tomber le bout des rênes à
droite, & on portera la main droite ſur la cuiſſe.

1. *Dégagez le mouſqueton.*

En un temps : on ſaiſira de la main gauche, ſans quitter
les rênes, le bout de la courroie du porte-croſſe, & de la
main droite le côté de la boucle, & avec le premier doigt
de cette main on fera ſortir l'ardillon ; & le bout de la
courroie étant ſorti de la boucle, la main gauche prendra
le côté de la boucle, & de la droite on empoignera le
mouſqueton par la poignée.

On obſervera que les Carabiniers doivent porter leur
carabine comme les Cavaliers leur mouſqueton.

2. *Haut le mouſqueton.*

En un temps : on élèvera le mouſqueton & on le portera
la croſſe ſur la cuiſſe, le bout haut en avant.

B iij

3. *Accrochez le mousqueton.*

En deux temps : au premier, on baissera le mousqueton sur la main gauche dont on l'empoignera, le tournant, le bout un peu élevé, vers l'oreille gauche du cheval ; & de la droite on prendra le porte-mousqueton à la bandoulière, on y accrochera le mousqueton par l'anneau roulant, & tout de suite on reprendra le mousqueton de la main droite à la poignée.

Au deuxième, comme au deuxième commandement.

4. *Apprêtez le mousqueton.*

En un temps : on armera le mousqueton de la main droite seule, en tirant le chien en arrière, jusqu'à ce qu'on l'ait entendu se loger dans le cran.

5. *En joue.*

En un temps : on portera de la main droite la crosse du mousqueton à l'épaule droite ; & pour soûtenir le mousqueton, on avancera la main gauche sur la tête du cheval, sans alonger les rênes.

6. *Feu.*

En deux temps : au premier, comme au premier temps du huitième commandement à pied.

Au deuxième, on laissera tomber le mousqueton horizontalement ou armes plattes, sur la main gauche, dont on le saisira près de la partie supérieure à la platine, le pouce gauche alongé le long du bois, le pouce droit sur le chien.

7. *Mettez le chien en son repos.*

En un temps, comme au neuvième commandement à pied.

8. *Prenez la cartouche.*

En un temps : le moufqueton étant appuyé fur le pommeau de la felle, on portera la main droite brufquement
au porte-cartouche pour en tirer la cartouche.

9. *Déchirez-la avec les dents.*

En deux temps, comme au onzième commandement à
pied.

10. *Amorcez.*

En un temps, comme au douzième commandement à
pied.

11. *Fermez le baffinet.*

En un temps, comme au treizième commandement à
pied.

12. *Paffez le moufqueton du côté de l'épée.*

En un temps : levant le moufqueton de la main gauche,
& tournant la baguette du côté du corps, on pouffera la
croffe des deux derniers doigts de la main droite, pour la
faire paffer à gauche entre la fonte & l'épaule du cheval.

13. *Mettez la cartouche dans le canon.*

En un temps, comme au quinzième commandement à
pied.

14. *Tirez la baguette.*

En un temps, comme au feizième commandement à
pied.

15. *Bourrez.*

En un temps, comme au dix-feptième commandement à pied.

16. *Remettez la baguette.*

En un temps, comme au dix-huitième commandement à pied.

17. *Haut le moufqueton.*

En deux temps : au premier, on relèvera de la main gauche le moufqueton, & de la droite on le faifira à la poignée.

Au deuxième, en le levant on portera la croffe fur le plat de la cuiffe, en quittant le moufqueton de la main gauche, qui reftera occupée à tenir la bride.

18. *Laiffez tomber le moufqueton.*

En un temps, on portera doucement le bout du moufqueton en bas, & on le laiffera pendre à la bandoulière.

Tout de fuite, fans commandement, on ajuftera les rênes en deux temps, comme il a été dit à l'avertiffement.

19. *Piftolet à la main.*

En deux temps : au premier, on portera la main droite fur la croffe du piftolet de la gauche, paffant par deffus les rênes & la main gauche.

Au deuxième, on le tirera de la fonte & on le portera fur la main gauche, dont on l'empoignera, le bout un peu élevé en avant vers l'oreille gauche du cheval ; & on mettra le pouce de la main droite fur le chien, & le premier doigt devant la détente.

20. *Apprêtez le pistolet.*

En un temps : on armera le pistolet de la main droite, le tenant toûjours de la gauche par le milieu du canon, & on l'élèvera le bout en haut, le bras demi-tendu, le poignet à la hauteur de l'œil droit, la soûgarde en avant.

21. *En joue.*

En un temps : on visera le long du canon, tenant la soûgarde en dessous, & le bout du pistolet directement devant soi, plus bas que le poignet.

22. *Feu.*

En deux temps : au premier, on tirera la détente.

Au deuxième, on remettra le pistolet dans la fonte, & on reportera tout de suite la main droite sur la cuisse droite.

23. *Pistolet à la main.*

En deux temps : au premier, on portera la main droite sur le pistolet droit, les doigts entre la crosse & la selle, les ongles & le pouce en dessus de la crosse.

Au deuxième, on le tirera de la fonte & on le portera sur la main gauche dont on l'empoignera, le bout un peu élevé en avant vers l'oreille gauche du cheval, on mettra le pouce de la main droite sur le chien, & le premier doigt devant la détente.

24. *Apprêtez le pistolet.*

En un temps, comme au vingtième commandement.

25. *En joue.*

En un temps, comme au vingt-unième commandement.

C

26. *Feu.*

En deux temps, comme au vingt-deuxième commandement ci-deſſus.

27. *Préparez-vous pour mettre le ſabre à la main.*

En un temps : portant la main droite par deſſus la gauche & les rênes, on paſſera le poignet dans le cordon, & on prendra le ſabre à la poignée, dégageant un peu la lame de dedans le fourreau.

28. *Sabre à la main.*

En un temps, comme au vingt-ſeptième commandement à pied.

29. *Remettez le ſabre.*

En deux temps, comme au vingt-huitième commandement à pied, ſans quitter les rênes ; & tout de ſuite en deux temps, on les ajuſtera comme à l'avertiſſement.

30. *Haut le mouſqueton.*

En un temps : on le prendra avec la main droite à la poignée, & on le portera ſur la cuiſſe le bout en haut.

31. *Décrochez le mouſqueton.*

En deux temps : au premier, on abaiſſera le mouſqueton avec la main droite ſur la main gauche, dont on l'empoignera, tournant le bout un peu élevé vers l'oreille gauche du cheval, & de la droite on décrochera le mouſqueton.

Au deuxième, on fera haut le mouſqueton.

32. *Mousqueton à la grenadière.*

En deux temps, comme aux deux derniers du vingt-cinquième commandement du maniement des armes à pied.

33. *Reprenez le mousqueton.*

En un temps : on prendra avec la main droite la crosse du mousqueton pour le tirer en avant, on passera tout de suite la main & le bras droit entre le corps & le mousqueton, on le saisira par dessous à la poignée, on le passera en travers par dessus la tête, & on le portera la crosse sur la cuisse, le bout haut en avant.

34. *Remettez le mousqueton en son lieu.*

En deux temps : au premier, tenant le mousqueton à la poignée, on l'élèvera de la main droite à la hauteur de la cravatte.

Au deuxième, on remettra le bout du mousqueton dans sa botte, on engagera la crosse dans la courroie comme on l'en a dégagée, & on bouclera la courroie.

DE L'INSPECTION A PIED.

LES Cavaliers qui auront été commandés à pied, étant arrivés au lieu du rendez-vous, s'y mettront en bataille sur un rang ou sur plusieurs, ainsi qu'il sera ordonné, à un pas de distance l'un de l'autre, les pieds sur le même alignement, separés de deux pouces, portant le mousqueton dans l'attitude expliquée à l'avertissement du maniement des armes à pied.

Après que l'on aura examiné si les Cavaliers sont bien

placés, s'ils portent bien leurs armes, & fi tout leur équipement eft en bon état, on leur fera exécuter les commandemens fuivans :

Prenez garde à vous, on va faire l'infpection.

A cet avertiffement, les Cavaliers placeront le porte-cartouche fur le devant de la hanche droite, ils le découvriront de la main droite en renverfant les pattes, & les mettant entre le corps & le porte-cartouche.

1. *Préfentez le moufqueton en avant.*

En deux temps : au premier, on portera la main droite à la poignée.

Au deuxième, on lèvera le moufqueton, & on le portera perpendiculairement devant foi, la platine en avant à la hauteur de la bouche, le coude droit ferré près du corps, le pouce alongé fur la contre-platine.

Après ce premier commandement, on fera l'infpection du moufqueton & du porte-cartouche, obfervant s'il fera garni au moins de quatre cartouches en poudre & en balles, d'une pierre, d'un tire-bourre & d'une pièce graffe.

2. *Portez le moufqueton.*

En deux temps : au premier, on portera le moufqueton à gauche vis-à-vis l'épaule, la main gauche fous la croffe, tenant le moufqueton perpendiculaire, le canon en dehors.

Au deuxième, comme au fecond temps du vingtième commandement du maniement des armes à pied.

Après l'exécution de ce commandement, les Cavaliers replaceront leur porte-cartouche.

3. *Paſſez le mouſqueton du côté de l'épée.*

En trois temps : au premier, on portera la main droite à la poignée, ſans remuer le mouſqueton.

Au deuxième, en avançant le pied droit devant le pied gauche, & effaçant le corps un peu ſur la gauche, on détachera le mouſqueton de l'épaule pour le tenir droit, le canon en dehors, entre la tête & l'épaule gauche, & la main gauche le ſaiſira à la hauteur du front, le bras droit étant étendu dans toute ſa longueur.

Au troiſième, comme au deuxième du quatorzième commandement du maniement des armes à pied.

4. *Tirez la baguette.*

En un temps, comme au ſeizième commandement du maniement des armes à pied.

5. *Mettez la baguette dans le canon.*

En un temps : on mettra la baguette dans le canon, & on replacera la main droite au bout du mouſqueton.

Après ce commandement, celui qui fera l'inſpection examinera ſi les armes ne ſont point chargées.

6. *Remettez la baguette.*

En un temps, comme au dix-huitième commandement du maniement des armes à pied.

On ne fera les commandemens qui ſuivent, juſques & compris le dix-ſeptième, que quand on voudra faire charger les armes : hors ce cas, on paſſera tout de ſuite du ſixième commandement au dix-huitième.

7. *A droite, retirez le mousqueton.*

En un temps, on fera un à droite & demi sur le talon gauche, & on retournera en même temps le mousqueton, portant le bout à gauche & la crosse à droite, qu'on saisira de la main droite à la poignée, & qu'on appuiera à la hanche, plaçant le mousqueton horizontalement (ou armes plates, la contre-platine sur le ceinturon, la main gauche contre le haut de la platine, le pouce alongé le long du bois, les deux pieds sur la même ligne, la pointe du pied gauche regardant le bout du canon.

8. *Découvrez le bassinet.*

En un temps : on découvrira le bassinet en poussant ferme la batterie avec le pouce droit ; & on reportera la main droite à la poignée.

9. *Prenez la cartouche.*

10. *Déchirez-la avec les dents.*

11. *Amorcez.*

12. *Fermez le bassinet.*

13. *Passez le mousqueton du côté de l'épée.*

14. *Mettez la cartouche dans le canon.*

15. *Tirez la baguette.*

16. *Bourrez.*

17. *Remettez la baguette.*

18. *Présentez le mousqueton.*

19. *Portez le mousqueton.*

Ces onze commandemens s'exécuteront comme il est

dit au maniement des armes à pied, depuis le dixième commandement jufques & compris le vingtième.

20. *Moufqueton à la grenadière.*

21. *Préparez-vous pour mettre le fabre à la main.*

22. *Sabre à la main.*

Ces trois commandemens s'exécuteront comme aux vingt-cinquième, vingt-fixième & vingt-feptième du maniement des armes à pied.

23. *Préfentez le fabre.*

En un temps : on portera le fabre brufquement devant foi, préfentant le plat de la lame la pointe haute, le bras demi-tendu, le bout du pouce contre la coquille, la coquille à hauteur de la cravatte; & après que le côté droit aura été vû, on fera tourner la poignée du fabre dans la main, pour faire voir l'autre côté de la lame, à mefure que l'Officier faifant l'infpection arrivera. Lorfqu'il l'aura vûe des deux côtés, on fe remettra dans la première pofition de fabre préfenté; & quand il fera paffé, les Cavaliers remettront le fabre à l'épaule.

24. *Remettez le fabre.*

25. *Portez le moufqueton.*

Comme aux vingt-huitième & vingt-neuvième commandemens du maniement des armes à pied.

Lorfqu'une troupe fortira du fervice à pied, le Commandant fera décharger les armes aux Cavaliers avant de les renvoyer au quartier.

DE L'INSPECTION A CHEVAL.

QUAND les Cavaliers qui auront été commandés à cheval, feront arrivés au rendez-vous, ils s'y mettront en bataille fur un ou plufieurs rangs, felon qu'il fera ordonné.

Le Commandant pourra faire défiler les Cavaliers pour les voir, en allant par leur gauche, & en revenant par leur droite, & examiner s'il ne manque rien à leur équipement ou à celui de leurs chevaux : il paffera du moins devant & derrière chaque rang pour faire cet examen.

Lorfqu'il l'aura fini, il fera compter les Cavaliers par quatre, jufqu'à la fin de chaque rang.

Il fera enfuite les commandemens fuivans:

Prenez garde à vous; préparez-vous pour l'infpection.

A cet avertiffement, les Cavaliers ajufteront les rênes en deux temps, comme au maniement des armes à cheval, & ils placeront le porte-cartouche comme à l'infpection à pied.

1. *Dégagez le moufqueton.*

2. *Haut le moufqueton.*

Comme aux premier & deuxième commandemens du maniement des armes à cheval.

3. *Préfentez le moufqueton en avant.*

En un temps: on préfentera le moufqueton, le tenant par la poignée perpendiculairement, le pouce alongé fur la contre-platine, & la platine en avant.

Après

Après ce commandement, on fera l'infpection du moufqueton.

4. *Haut le moufqueton.*

En un temps : on portera la croffe fur le haut de la cuiffe droite, le bout du moufqueton haut en avant.

5. *Paffez le moufqueton du côté de l'épée.*

En deux temps : au premier, portant le bout du mouf-queton à droite, on fera paffer la croffe à gauche entre les rênes & le corps, tournant la platine en deffus, la baguette du côté du corps : on faifira le moufqueton de la main gauche, au deffus & contre la platine, fans quitter les rênes.

Au deuxième, en plaçant la croffe entre la fonte & l'épaule du cheval, on tiendra le bout du moufqueton vis-à-vis l'épaule droite, & de la main droite on prendra la baguette avec le pouce & le premier doigt que l'on repliera ainfi que les autres, alongeant le pouce vers le bout de la baguette.

6. *Tirez la baguette.*

En un temps, comme au feizième du maniement des armes à pied.

7. *Mettez la baguette dans le canon.*

En un temps : on mettra la baguette dans le canon ; & avec la main droite on empoignera le bout du moufque-ton, le pouce alongé le long du bois.

Après l'exécution de ce commandement, on examinera la cartouche & fi les armes ne font point chargées, & les Cavaliers replaceront enfuite la cartouche.

D

8. *Remettez la baguette.*

En un temps, comme au dix-huitième du maniement des armes à pied.

9. *Haut le mousqueton.*

En deux temps, comme au dix-septième du maniement des armes à cheval.

On ne fera les commandemens qui suivent, jusques & compris le vingt-unième, que quand on voudra faire charger les armes : hors ce cas, on passera tout de suite du neuvième commandement au vingt-deuxième.

10. *Retirez le mousqueton.*

En un temps, comme au deuxième du sixième commandement du maniement des armes à cheval.

11. *Découvrez le bassinet.*

En un temps : on découvrira le bassinet en poussant ferme la batterie avec le pouce droit, & on reportera la main à la poignée.

12. *Prenez la cartouche.*

En un temps, comme au huitième du maniement des armes à cheval.

13. *Déchirez-la avec les dents.*

14. *Amorcez.*

15. *Fermez le bassinet.*

Ces trois commandemens s'exécuteront comme aux 11e, 12e & 13e du maniement des armes à pied.

16. *Paſſez le mouſqueton du côté de l'épée.*

En deux temps, comme au douzième du maniement des armes à cheval.

17. *Mettez la cartouche dans le canon.*

18. *Tirez la baguette.*

19. *Bourrez.*

20. *Remettez la baguette.*

Ces quatre commandemens, comme aux 15ᵉ, 16ᵉ, 17ᵉ & 18ᵉ du maniement des armes à pied.

21. *Haut le mouſqueton.*

En deux temps, comme au dix-ſeptième du maniement des armes à cheval.

22. *Mouſqueton à la grenadière.*

En trois temps, comme au maniement des armes à cheval.

23. *Prenez le piſtolet gauche.*

En deux temps : au premier, on prendra avec la main droite le piſtolet gauche à la croſſe, par-deſſus les rênes & la main gauche.

Au deuxième, on le tirera de la fonte & on le mettra dans la main gauche, dont on le prendra à la poignée, le tenant droit, la platine en avant.

24. *Mettez la baguette dans le canon.*

En un temps : on tirera la baguette de ſon lieu, & on la mettra dans le canon.

25. *Prenez le piſtolet droit.*

En deux temps : au premier , on portera la main droite ſur le piſtolet droit , les doigts entre la croſſe & la ſelle , les ongles & le pouce en deſſus de la croſſe.

Au deuxième , on le tirera bruſquement en le retournant : on le placera à côté de l'autre & on le tiendra avec la main gauche en paſſant les doigts dans la ſoûgarde.

26. *Mettez la baguette dans le canon.*

En un temps : on tirera la baguette & on la mettra dans le canon ; & reprenant ce piſtolet avec la main droite à la poignée , on les tiendra tous les deux au deſſus du pommeau de la ſelle , les platines en avant.

Après ce commandement , on verra ſi les piſtolets ne ſont pas chargés ; & dès que le Commandant ſera paſſé , les Cavaliers remettront le piſtolet droit dans la main gauche , comme au deuxième temps du vingt-cinquième commandement.

27. *Remettez les baguettes.*

En deux temps : au premier , on retirera la baguette du canon du dernier piſtolet & on la mettra en ſon lieu.

Au deuxième , on retirera l'autre baguette du canon , on la remettra en ſon lieu , & on reportera la main droite à la poignée dudit piſtolet.

28. *Remettez le dernier piſtolet.*

En un temps : on le remettra dans la fonte gauche.

On paſſera les commandemens ſuivans juſques & compris le trente-ſixième , quand on ne voudra point faire charger les piſtolets.

29. *Découvrez le bassinet.*

En deux temps : au premier, on prendra avec la main droite le premier pistolet par la poignée, & on le baissera sur la main gauche.

Au deuxième, on découvrira le bassinet en poussant ferme la batterie avec le pouce droit, & on reportera la main droite à la poignée.

30. *Prenez la cartouche.*

31. *Déchirez-la avec les dents.*

32. *Amorcez.*

Comme aux 12e, 13e & 14e commandemens.

33. *Fermez le bassinet.*

En un temps : on fermera le bassinet, & du même temps on poussera la crosse du pistolet à gauche avec la main droite, tenant toûjours la cartouche dans les doigts, & le pistolet de la main gauche, la platine en dessus.

34. *Mettez la cartouche dans le canon.*

En un temps : on mettra la cartouche dans le canon ; on saisira la baguette avec le pouce & les deux premiers doigts, la paume de la main vers le bout du pistolet.

35. *Tirez la baguette.*

En un temps : on tirera brusquement la baguette, & en la retournant on présentera le gros bout vis-à-vis le canon.

36. *Bourrez.*

En un temps : on bourrera deux fois, on remettra la baguette en son lieu, & on prendra le pistolet avec la main droite à la poignée, le tenant droit devant soi.

D iij

37. *Remettez le piſtolet.*

En deux temps : au premier, on mettra le piſtolet dans la fonte.

Au deuxième, on portera la main droite ſur la cuiſſe droite.

On paſſera encore le commandement qui ſuit ſi l'on ne veut pas faire charger les piſtolets.

38. *Piſtolet à la main.*

En deux temps : au premier, on portera la main droite ſur la croſſe du piſtolet gauche, par deſſus la main gauche & les rênes.

Au deuxième, on le tirera de la fonte, & on le portera ſur la main gauche, dont on l'empoignera, tenant le bout un peu élevé.

Pour charger ce ſecond piſtolet & le remettre, on répétera les mêmes commandemens que pour le premier, à commencer du vingt-neuvième juſques & compris le trente-ſeptième.

39. *Préparez-vous pour mettre le ſabre à la main.*

En un temps, comme au vingt-ſeptième du maniement des armes à cheval.

40. *Sabre à la main.*

En un temps, comme au vingt-ſeptième du maniement des armes à pied.

41. *Présentez le sabre.*

En un temps, comme au vingt-troisième de l'inspection à pied.

Après ce commandement, le **Commandant** fera l'inspection du sabre.

42. *Remettez le sabre.*

En deux temps, comme au vingt-huitième du maniement des armes à pied, sans quitter les rênes, que l'on ajustera tout de suite sans commandement.

43. *Reprenez le mousqueton.*

44. *Remettez le mousqueton en son lieu.*

Comme aux trente-troisième & trente-quatrième du maniement des armes à cheval.

Si on veut faire l'inspection à pied d'une troupe qui est à cheval, on la fera mettre pied à terre après le 42ᵉ commandement, comme il sera dit ci-après à la cinquième manœuvre pour une compagnie : on fera ensuite les commandemens de l'inspection à pied qu'on jugera nécessaires ; & après que la troupe sera remontée à cheval, on fera les 43ᵉ & 44ᵉ commandemens.

DES PRINCIPES GÉNÉRAUX
POUR LES MANŒUVRES.

POUR faire manœuvrer une troupe, il faut être instruit des principes généraux sur lesquels ses mouvemens doivent être réglés.

Rangs & files. UN rang eft formé de plufieurs hommes placés à côté les uns des autres.

Une file eft formée de plufieurs hommes, les uns derrière les autres.

Les hommes d'un même rang doivent être bien alignés, ni trop ouverts ni trop ferrés.

Pour être bien alignés, foit à pied, foit à cheval, il faut que les épaules des Cavaliers foient fur la même ligne.

Pour n'être ni trop ouverts ni trop ferrés, fi c'eft à pied, il faut que les coudes fe touchent fans fe gêner; fi c'eft à cheval, que les bottes fe touchent fans que les Cavaliers fe ferrent, ni fe bleffent réciproquement.

Les rangs feront toûjours auffi ferrés qu'il fera poffible, fans donner d'atteintes aux chevaux.

Silence. TOUTE troupe étant fous les armes, obfervera le filence pour entendre le commandement, & on punira ceux qui ne le garderont pas.

Commandemens. CHAQUE commandement fera précédé de cet aver- tiffement: *Prenez garde à vous,* après lequel on expliquera aux Cavaliers ce qu'ils devront exécuter. Ils ne fe mettront en mouvement qu'au mot *Marche,* & ils ne s'arrêteront qu'au mot *Halte.* Si l'on veut qu'ils marchent en avant, après un quart de converfion, on dira: *Marchez droit.*

La première règle pour fe mouvoir & pour marcher, eft de s'éloigner le moins qu'il eft poffible de l'ordre de bataille, & de préférer les manœuvres par lefquelles on peut le plus promptement & avec moins de chemin fe reformer.

On

On obfervera auffi de faire tous les mouvemens quar-rément, autant qu'il fera poffible.

LORSQUE les Cavaliers marcheront droit devant eux, ceux de la droite regarderont leur gauche, ceux de la gauche regarderont leur droite, pour s'aligner tous fur le centre.

Regarder fa droite & fa gauche en mar-chant en avant.

On ne fera jamais mouvoir une troupe fans l'ébranler auparavant; & pour cela, au commandement de *prenez garde à vous,* les Cavaliers ajufteront leurs rênes, & raffem-bleront leurs chevaux entre leurs jambes, mais fans faire aucun mouvement en avant.

DANS tous les quarts de converfion, foit à droite, foit à gauche, les Cavaliers regarderont alternativement l'aîle qui marche & la partie qui foûtient, de laquelle ils auront attention à ne jamais fe féparer; & le Cavalier qui foûtient, autrement dit le *Pivot,* regardera toûjours arriver l'aîle qui marche, pour ne pas trop précipiter le petit mouvement qu'il a à faire.

Converfions.

Lorfqu'on fera un quart de converfion à droite ou à gauche, fur-tout fi c'eft par efcadron entier, on obfervera principalement d'éviter que le centre de l'efcadron ne refte en arrière.

Lorfqu'une troupe marchant en colonne tournera fur fa droite ou fur fa gauche, les Cavaliers qui fuivent mar-cheront droit devant eux jufqu'au terrein où ceux qui les précèdent auront tourné, fans fe porter d'avance ni fur leur droite, ni fur leur gauche.

Les Cavaliers des deuxième & troifième rangs obfer-veront de fuivre exactement leurs Chefs-de-files, fur-tout

E

dans les quarts de converſion; & pour y parvenir, ils ſe porteront un peu vers le côté oppoſé à celui ſur lequel la troupe tournera.

Diſtances. Les Commandans de troupe auront continuellement attention à ne jamais laiſſer plus d'intervalle d'une diviſion à l'autre, qu'il n'en faut à leur diviſion pour ſe remettre en bataille; obſervant que comme chaque cheval occupe un pas de front, & trois pas en ſa longueur, la diviſion qui le précède lui laiſſera ſix pas au-delà de l'intervalle qui ſera entre les deux troupes, ſi on eſt à cheval ſur deux rangs, & neuf pas ſi on eſt à cheval ſur trois rangs; & conſéquemment que l'intervalle qu'il aura à conſerver, devra être moindre de ſix ou de neuf pas que l'étendue du front de ſa troupe.

Lorſqu'une troupe marche par un, par deux, ou par quatre Cavaliers, comme elle occupe alors plus de terrein qu'il ne lui en faut pour ſe remettre en bataille, on n'obſervera point de diſtance entre les rangs, ni entre les compagnies & eſcadrons, qu'autant qu'il ſera néceſſaire pour la place de l'Officier qui les commandera.

La diſtance ordinaire d'un eſcadron à l'autre, étant en bataille, doit être de vingt-quatre pas, c'eſt-à-dire de la moitié du front de l'eſcadron.

Les eſcadrons qui ſeront en ſeconde ligne, conſerveront d'un eſcadron à l'autre une diſtance égale à leur front.

Lorſqu'une troupe ſera en colonne, au commandement de *Marche* toutes les diviſions ſe mettront en mouvement en même temps, pour conſerver toûjours le même intervalle de l'une à l'autre.

Lorsqu'on fera un commandement différent pour la droite & pour la gauche, le commandement pour la droite fera toûjours énoncé le premier. *Commandemens compofés.*

On fera d'abord exécuter les manœuvres au pas & lentement, enfuite plus légèrement à mefure que la troupe fe trouvera plus inftruite, jufqu'à ce qu'elle puiffe les faire avec toute la vivacité néceffaire. *Promptitude des manœuvres.*

On fera auffi exécuter à pied celles qui devront être faites à cheval, afin que l'attention du Cavalier n'étant point divifée par le foin de conduire fon cheval, il conçoive plus aifément ce qu'il aura à faire. *Manœuvres à pied.*

Toute la Cavalerie s'inftruira à appuyer fur fa droite & fur fa gauche en fuyant des talons. *Fuir des talons.*

Elle fera exercée, tantôt fur deux rangs & tantôt fur trois rangs; l'intention du Roi étant qu'elle fache combattre de ces deux manières: cependant, attendu que fa compofition actuelle convient mieux pour fe former fur deux rangs, on préférera cette façon dans le cours ordinaire du fervice. *Deux & trois rangs.*

Les régimens affemblés, ou les compagnies féparées, s'exerceront au moins deux fois la femaine, depuis le premier mai jufqu'au femeftre, & une fois par femaine pendant l'hiver; ceux qui feront dans le plat pays s'exerceront tous les jours pendant le temps de leur affemblée. *Temps des exercices.*

DES MANŒUVRES
POUR UNE COMPAGNIE.

Les Cavaliers étant inftruits des différens maniemens des armes, & affermis dans les principes pour monter à

E ij

cheval, on les réunira à la compagnie pour les exercer avec elle, au nombre de vingt-quatre feulement, foit que l'exercice fe faffe à pied ou à cheval, & qu'il foit général ou particulier.

Les vingt-quatre Cavaliers commandés par compagnie, fe rendront au rendez-vous indiqué à leur quartier, ou à la porte du Commandant de la troupe, une demi-heure avant celle qui aura été marquée pour l'exercice.

Ils y amèneront leurs chevaux, les tenant de la main gauche par la branche droite du mors, le bout des rênes dans la main droite.

Ils fe rangeront par ancienneté fur un feul rang; le Commandant en fera l'infpection à pied, ou à cheval après les y avoir fait monter.

Au camp, les Cavaliers fortiront les chevaux des rues, les tenant également de la main gauche par la branche droite du mors.

Ils fe rangeront par ancienneté, formant une haye par compagnie, la tête des chevaux de chacune du côté des timbales; & le Commandant de la compagnie en fera également l'infpection.

Il difpofera enfuite la compagnie pour être fur deux rangs, les deux Brigadiers reftant à la droite de la compagnie, & faifant paffer par derrière deux Carabiniers, qu'il placera le douzième & le onzième du rang, de manière que quand on formera la compagnie, la droite & la gauche foient formées par des Brigadiers & Carabiniers; ce qu'on obfervera également fi la compagnie fe trouvoit au deffous du nombre de vingt-quatre.

Il fera compter tous les Cavaliers par quatre, commençant par la droite.

Il fera rompre la compagnie comme il le jugera à propos, pour la conduire fur le terrein deftiné pour l'exercice.

Il l'y fera reformer fur un feul rang.

Après avoir fait les commandemens néceffaires pour vérifier fi les armes ne font pas chargées, il lui fera exécuter le maniement des armes; & à l'avertiffement qui le précède, les Officiers pafferont en avant, & s'aligneront derrière celui qui le commande, le Maréchal-des-logis fe tenant derrière.

Le maniement des armes étant fini, le Commandant dira: *Meffieurs, le maniement des armes eft fini.* A cet avertiffement, les Officiers viendront fe placer à la tête de leur compagnie, & le Maréchal-des-logis reftera derrière.

Il fera faire enfuite telles des manœuvres fuivantes qu'il jugera à propos, ayant foin cependant que les Cavaliers foient exercés à les faire toutes.

AU PAS ET AU TROT.

I.re MANŒUVRE.

ON fera d'abord faire cette manœuvre au pas & lentement, enfuite on la fera exécuter au trot.

> *Prenez garde à vous.*
> *Marche....... au trot.*

1.er Commandement.

La compagnie marchera au pas droit devant elle, & fe mettra au trot lorfqu'on en fera le commandement.

E iij

2.me
Commandement.

Prenez garde à vous.
A droite par compagnie.
Marche.

La droite foûtiendra, le Cavalier qui la ferme faifant feulement un à droite : la gauche marchera jufqu'au commandement *Halte*, & ce mouvement fe fera légèrement.

3.me

Prenez garde à vous.
Marche......au trot.
A gauche par compagnie.
Marche.

La gauche foûtiendra ; la droite marchera légèrement jufqu'au commandement *Halte*.

4.me

Prenez garde à vous.
Marche.......au trot.
Par compagnie, demi-tour à droite.
Marche.

La droite foûtiendra ; la gauche fera légèrement la demi-converfion, & s'arrêtera au commandement *Halte*.

5.me

Prenez garde à vous.
Marche.......au trot.
Par compagnie demi-tour à gauche.
Marche.

La gauche foûtiendra ; la droite fera légèrement la demi-converfion, & s'arrêtera au commandement *Halte*.

Prenez garde à vous.
Préparez-vous pour mettre le sabre à la main.

En un temps, comme au vingt-septième du maniement des armes à cheval.

Sabre à la main.

7.me

En un temps, comme au vingt-septième du maniement des armes à pied.

Prenez garde à vous.
Marche.

8.me

On marchera bien alignés, ni trop ouverts, ni trop serrés.

Sonnez la charge.

9.me

Lorsque le Trompette sonnera la charge, on commandera *au trot ;* & après avoir marché ainsi quelques pas, au signal des Officiers les Cavaliers porteront leur sabre haut comme s'ils vouloient frapper, tenant la lame un peu en travers, la pointe en arrière, plus haute d'un pied que la main.

Halte.
Portez vos sabres.
Marche.......au trot.

10.me

Ils feront halte, mettront leur sabre à l'épaule, & remarcheront au trot jusqu'au commandement *Halte ;* ensuite on fera remettre les sabres.

TIRER EN AVANT.

11.me

LES Officiers ayant dû préliminairement donner tous

MANŒUVRI

leurs foins pour accoûtumer les chevaux au feu dans l'écurie, ou lorfqu'ils mangent l'avoine; pour les y faire davantage, leur faire perdre la mauvaife habitude qu'ils contractent fouvent de fortir difficilement du rang, & pour apprendre au Cavalier à efcarmoucher, on fera mettre la moitié d'une compagnie vis-à-vis de l'autre, à cent pas ou environ; on fera fortir enfuite un Cavalier de chacune de ces parties, ils accrocheront leur mouf-queton, avanceront en avant de leurs rangs l'un vis-à-vis de l'autre, tireront leur moufqueton, les laifferont tomber, mettront le fabre à la main, le croiferont, le laifferont tomber enfuite pendu à la main par le cordon, tireront un ou les deux piftolets, reprendront leur fabre, le remet-tront & feront haut le moufqueton, après quoi ils iront fe replacer dans le rang, en paffant par derrière.

On en ufera ainfi pour toute la compagnie fucceffi-vement, recommandant aux Cavaliers de ne point tirer fur les chevaux.

IIIme
MANŒUVRE.

SE FORMER SUR DEUX RANGS.

POUR former la compagnie fur deux rangs, le Com-mandant la divifera en deux, & fera enfuite les comman-demens fuivans:

Ier
Commandement.

Prenez garde à vous.

Je parle au demi-rang de la droite.

Marche.

Ce demi-rang marchera quatre pas, & s'arrêtera au commandement *Halte.*

Prenez

Prenez garde à vous.
Sur deux rangs, formez la compagnie.
Marche.

Ceux qui ont marché appuyeront à gauche pendant que ceux qui font restés appuyeront à droite pour prendre leur Chef-de-file.

Le Commandant avertira alors la file de sa droite, composée de deux hommes, qu'elle est sa droite; & la file de sa gauche, qu'elle est sa gauche.

DEMI-TOUR A DROITE PAR HOMME.

Prenez garde à vous.
Demi-tour à droite par homme.
Marche.

En trois temps : au premier, le premier rang marchera trois pas en avant, & fera halte lorsqu'on fera ce commandement.

Au deuxième, les nombres pairs reculeront de la longueur d'un cheval.

Au troisième, tous feront demi-tour à droite, ceux qui n'avoient point reculé rentreront dans leurs rangs en marchant en avant, & le second rang serrera sur le premier.

On répétera cette manœuvre une seconde fois.

On ne fera cette manœuvre hors des exercices qu'en cas de nécessité absolue, on n'en donne la méthode que pour tâcher qu'elle se fasse avec le moins de confusion qu'il sera possible.

F

METTRE PIED A TERRE.

Prenez garde à vous.
Pied à terre.

En quatre temps : au premier, le premier rang marchera trois pas en avant comme ci-deffus.

Au deuxième, les nombres pairs reculeront de la longueur d'un cheval.

Au troifième, tous quitteront l'étrier droit, & avec la main droite ils prendront l'étrivière, & mettront l'étrier à la croffe du piftolet droit ; ils prendront tout de fuite une poignée de crins avec la main gauche fans quitter leurs rênes, & mettront la main droite fur l'arçon de devant, les doigts en dedans & le pouce en dehors.

Au quatrième, s'appuyant fur l'arçon de devant ils s'éleveront fur l'étrier gauche, pafferont la jambe droite tendue par deffus la croupe du cheval, & prendront en même temps le trouffequin avec la main droite pour fe foûtenir en arrivant à terre : ils prendront tout de fuite l'étrier gauche qu'ils mettront à la croffe du piftolet gauche, & pafferont le bras gauche dans les rênes, faifant face à leurs chevaux, & tenant de la main gauche la branche gauche du mors.

2.me

Reprenez vos rangs.

En un temps, ils feront un demi-tour à droite, tournant le dos à leurs chevaux ; & les Cavaliers qui avoient reculé s'avanceront pour rentrer dans le rang & s'aligner avec les autres, quittant tous la branche gauche du mors.

MONTER A CHEVAL.

Prenez garde à vous.
A cheval.

En trois temps : au premier, tous les Cavaliers feront

demi-tour à gauche, prendront le bout des rênes avec la main droite, les passeront sur le col du cheval ; & avec la gauche, ils prendront la branche gauche du mors, & abattront l'étrier de la main droite.

Au deuxième, les Cavaliers qui sont comptés pairs feront reculer leurs chevaux, prendront une poignée de crins de la main gauche, & de la droite l'étrier, chausseront le pied gauche dedans, & ensuite porteront la main droite au troussequin.

Au troisième, avec l'aide des deux mains & l'appui du pied gauche ils monteront à cheval légèrement & ensemble, abattront l'étrier droit, ajusteront les rênes : ceux qui avoient reculé avanceront pour s'aligner, & le second rang serrera sur le premier.

Dans les exercices particuliers, on fera faire deux fois les 4e, 5e & 6e manœuvres ; la première, en marquant les temps & spécifiant aux Cavaliers ce qu'ils doivent faire à chacun ; & la seconde fois, sans les marquer.

Après cette manœuvre on dira : *Messieurs les Officiers, dans le rang ;* & à cet avertissement le Commandant demeurant en avant, les autres Officiers se placeront à la droite & à la gauche du premier rang, alignés avec lui.

DES A DROITE ET A GAUCHE

PAR COMPAGNIE.

VII.me MANŒUVRE.

Prenez garde à vous.
Par compagnie à droite.
Marche.

1.er Commandement.

La file de la droite soutiendra ; la gauche marchera jusqu'au commandement *Halte.*

2.me Commandement.

Prenez garde à vous.

Par compagnie à gauche.

Marche.

La file de la gauche soûtiendra, & celle de la droite marchera jusqu'au commandement *Halte.*

3me

Prenez garde à vous.

Par compagnie, demi-tour à droite.

Marche.

La file de la droite soûtiendra; celle de la gauche marchera & fera une demi-converfion jufqu'au commandement *Halte.*

4.me

Prenez garde à vous.

Par compagnie, demi-tour à gauche.

Marche.

La file de la gauche soûtiendra, & celle de la droite marchera pour faire une demi-converfion jufqu'au commandement *Halte.*

Cette manœuvre eft la meilleure de toutes pour fe rompre à droite & à gauche & faire face derrière foi.

VIIIme MANŒUVRE.

DES A DROITE ET A GAUCHE

PAR COMPAGNIE SUR LE CENTRE.

1.er Commandement.

Prenez garde à vous.

Par compagnie, à droite fur le centre.

Marche.

Les deux Cavaliers du centre de chaque rang tourneront ensemble à droite ; ceux de la droite feront un quart de converſion en reculant ; ceux de la gauche en feront un ſur le centre en marchant en avant ; & ceux du ſecond rang appuyeront à gauche de la jambe droite.

Prenez garde à vous.

Par compagnie, à gauche ſur le centre.
Marche.

2me
Commandemens.

Les deux Cavaliers du centre de chaque rang tourneront enſemble à gauche ; ceux de la gauche feront un quart de converſion en reculant ; ceux de la droite en feront un ſur le centre en marchant en avant ; & ceux du ſecond rang appuyeront à droite de la jambe gauche.

Prenez garde à vous.

Par compagnie, demi-tour à droite ſur le centre.
Marche.

3me

Les deux Cavaliers du centre de chaque rang tourneront enſemble & très-lentement pour faire une demi-converſion à droite ; ceux de la droite feront cette demi-converſion en reculant ; ceux de la gauche en marchant lentement en avant ; & le ſecond rang appuyera à gauche.

Prenez garde à vous.

Par compagnie, demi-tour à gauche ſur le centre.

4.me

Les deux Cavaliers du centre de chaque rang tourneront enſemble & très-lentement pour faire une demi-converſion à droite ; ceux de la gauche la feront en reculant ; ceux de la droite en marchant lentement en avant ; & le ſecond rang appuyera à droite.

Cette manœuvre eſt prompte, avance peu ſon flanc,

& eſt la ſeule dont on puiſſe ſe ſervir dans un chemin étroit pour faire face derrière ſoi où elle préſente toûjours le premier rang.

IX.ᵐᵉ MANŒUVRE. *ROMPRE LA COMPAGNIE ET MARCHER EN AVANT PAR QUATRE.*

Prenez garde à vous.

Pour marcher en avant par quatre.

Marche.

Les quatre Cavaliers de la droite du premier rang marcheront en avant, les huit autres du même rang ſe rompront à droite par quatre & ſuivront les premiers. Dès qu'ils auront fait encore un quart de converſion à gauche, les quatre de la droite du ſecond rang les ſuivront, pendant que les huit autres du même rang ſe rompront à droite par quatre.

X.ᵐᵉ MANŒUVRE. *REMETTRE LA COMPAGNIE EN BATAILLE EN AVANT.*

Halte.

En avant ſur deux rangs, formez la compagnie.

Marche.

Les quatre Cavaliers qui forment le premier rang marcheront quatre pas; ceux du deuxième rang feront un quart de converſion à gauche pour ſe former par un quart de converſion à droite, à côté du premier rang, pendant que les quatre autres rangs marcheront toûjours en avant; le troiſième fera ſon quart de converſion à gauche lorſqu'il ſera arrivé à la place où le deuxième l'a fait, & ſe reformera enſuite; le quatrième ſerrera ſur le premier & fera halte; le cinquième fera ce qu'a fait le deuxième; & le ſixième ce qu'a fait le troiſième.

ROMPRE LA COMPAGNIE ET MARCHER
A DROITE PAR QUATRE.

Prenez garde à vous.

A droite par quatre, rompez la compagnie.
Marche.

Le premier rang fera à droite par quatre ; lorfque les derniers Cavaliers de ce rang auront dépaffé le fecond rang, celui-ci marchera en avant fur le terrein qu'occupoit le premier, fera de même à droite par quatre, & fuivra.

FORMER LA COMPAGNIE SUR SA GAUCHE.
Halte.

A gauche fur deux rangs, formez la compagnie.
Marche.

Les trois premiers rangs feront à gauche par quatre, & marcheront quatre pas en avant, pendant que les trois autres marcheront toûjours devant eux jufqu'à ce que le quatrième rang foit arrivé à la hauteur du quatrième Cavalier du premier rang ; alors les trois derniers rangs feront de même à gauche par quatre.

ROMPRE LA COMPAGNIE ET MARCHER
A GAUCHE PAR QUATRE.

Prenez garde à vous.

A gauche par quatre, rompez la compagnie.
Marche.

Le premier rang fera à gauche par quatre ; lorfque les derniers Cavaliers de ce rang auront dépaffé le fecond rang, celui-ci marchera en avant fur le terrein qu'occupoit le premier rang, où il fera de même à gauche par quatre, & fuivra.

Lorfque les compagnies ne feront pas dans l'obligation de marcher par leur droite, & qu'on voudra fimplement marcher à gauche, on les fera marcher à colonne renverfée, exécutant par la gauche ce qu'on a exécuté par la droite à la onzième manœuvre; & alors, pour les remettre, on exécutera la douzième manœuvre en faifant les quarts de converfion à droite.

XIV.me MANŒUVRE.

FORMER LA COMPAGNIE SUR SA DROITE.

Halte.

A droite fur deux rangs, formez la compagnie.
Marche.

Les trois premiers rangs feront à droite par quatre, & marcheront quatre pas en avant pendant que les trois autres marcheront toûjours devant eux, jufqu'à ce que le quatrième rang foit arrivé à la hauteur du quatrième Cavalier de la gauche du premier rang; alors les trois derniers rangs feront de même à droite par quatre.

XV.me MANŒUVRE.

DE'FILER PAR UN, DEUX, QUATRE.

Prenez garde à vous.

Marchez un.... marchez deux.... marchez quatre.
Marché.

Pour exécuter ce commandement, tout le premier rang fera d'abord les mouvemens ci-après, & le fecond le fuivra.

Si on marche par un, le deuxième Cavalier viendra prendre

prendre la place du premier & le fuivra ; fi on a commandé de marcher par deux, le troifième & le quatrième Cavalier viendront, par un à droite par deux, prendre la place des deux premiers ; & fi on a commandé de marcher par quatre, tout le premier rang fera à droite par quatre, comme il eft dit à la neuvième manœuvre, les quatre Cavaliers de la droite marchant en avant droit devant eux.

DOUBLER LES RANGS, ET SE FORMER
PAR COMPAGNIE.

XVIme MANŒUVRE.

Lorfqu'après avoir défilé par un, on voudra former la compagnie, on la fera d'abord marcher par deux, enfuite par quatre, & enfin on la fera former en avant comme à la dixième manœuvre ; & pendant tout le temps que les rangs doubleront, le premier rang fera halte, pour attendre la queue de la compagnie.

Prenez garde à vous.

Marchez deux.

Marche.

1.er Commandement.

Le premier rang s'arrêtera jufqu'à ce que les derniers Cavaliers aient doublé ; après quoi on les fera marcher tous.

Prenez garde à vous.

Marchez quatre.

Marche.

2.me

Le premier rang s'arrêtera jufqu'à ce que les derniers rangs aient doublé par quatre ; après quoi on marchera.

G

3.me

Prenez garde à vous.
En avant sur deux rangs, formez la compagnie.
Marche.

La compagnie se formera en avant comme à la dixième manœuvre.

Cette méthode remédiera à l'inconvénient dans lequel on tombe ordinairement quand on se forme après avoir défilé, qui est que la queue de la compagnie est obligée de courir, ce qui est plus sensible lorsqu'il y a plusieurs compagnies & plusieurs escadrons, & fait que les dernières troupes arrivent les chevaux étant essouflés & hors d'état de combattre.

XVIIme
MANŒUVRE.

BORDER LA HAYE POUR UNE REVÛE.

Pour une revûe on fera mettre les Cavaliers par ancienneté, sans transposer les Carabiniers ni aucun ancien Cavalier, les Officiers restant à la tête, & on fera les commandemens suivans.

1.er
Commandement.

Prenez garde à vous.
Par compagnie, à droite.
Marche.

Comme au premier commandement de la septième manœuvre.

2.me

Prenez garde à vous.
Sur un rang, formez la compagnie.
Marche.

Le premier rang de chaque compagnie appuyera à droite du talon gauche: le second appuyera à gauche du talon droit; & lorsqu'il aura débordé la gauche du premier, il marchera en avant pour s'aligner.

SE REMETTRE SUR DEUX RANGS.

Prenez garde à vous.
Je parle au demi-rang de la droite.
Marche.

Il marchera quatre pas & s'arrêtera au commandement *Halte.*

Prenez garde à vous.
Sur deux rangs, formez la compagnie.
Marche.

Ceux qui ont marché appuyeront à gauche, pendant que ceux qui sont restés appuyeront à droite pour prendre leurs Chefs-de-file.

Prenez garde à vous.
Par compagnie, à gauche.
Marche.

Comme au deuxième commandement de la septième manœuvre.

Lorsqu'on voudra manœuvrer sur trois rangs, la compagnie étant en haye par rang d'ancienneté au même nombre de vingt-quatre, les deux Brigadiers restant à la droite, le Commandant fera passer par derrière deux

Carabiniers qu'il placera les 7ᵉ & 8ᵉ du rang : fi la compagnie fe trouve au deffus ou au deffous du nombre de vingt-quatre, on laiffera, s'il eft néceffaire, une ou deux files par compagnie qui n'auront que deux hommes de hauteur.

SE FORMER SUR TROIS RANGS.

Pour former la compagnie fur trois rangs, le Commandant la divifera en trois, & fera enfuite les commandemens fuivans.

Prenez garde à vous.
Par tiers de compagnie, à droite.
Marche.

Les Cavaliers exécuteront ce commandement.

Prenez garde à vous.
Serrez vos rangs.
Marche.

Les deux derniers rangs ferreront fur le premier.

Prenez garde à vous.
Par compagnie, à gauche.
Marche.

On exécutera ce commandement.

Le Commandant avertira alors la file de la droite, compofée de trois hommes, qu'elle eft fa droite, & la file de la gauche qu'elle eft fa gauche.

On obfervera que lorfque plufieurs compagnies manœuvreront enfemble; on ne pourra plus, étant fur trois
rangs, exécuter les à droite & à gauche par une compagnie,
mais par deux enfemble.

L'exercice étant fini, le Commandant de la compagnie
la conduira au lieu où elle fe fera affemblée; il y fera
mettre les Cavaliers pied à terre, & ils ramèneront leurs
chevaux à l'écurie, les tenant de même qu'ils les auront
amenés.

On en ufera de même toutes les fois que les Cavaliers
reviendront de garde ou de détachement.

DES MANŒUVRES

POUR UN RÉGIMENT.

LES jours marqués pour l'exercice d'un régiment, les
Cavaliers commandés par compagnie s'affembleront une
demi-heure avant celle qui aura été donnée pour l'exercice, au rendez-vous indiqué pour chaque compagnie;
d'où les Commandans defdites compagnies, après en avoir
fait l'infpection, & les avoir fait monter à cheval & former, comme il a été dit au titre des manœuvres pour une
compagnie, les conduiront au rendez-vous général du
régiment, laiffant au dernier rang les Cavaliers deftinés
pour la petite troupe que l'on formera par chaque efcadron, lorfque le régiment fera raffemblé.

Les compagnies fe placeront en bataille, la première
à la droite du premier efcadron, la deuxième à la droite
du fecond efcadron, la troifième à la gauche du premier

efcadron, la quatrième à la gauche du deuxième efcadron, la cinquième à la gauche de la première compagnie, la fixième à la gauche de la deuxième, la feptième entre la troifième & la cinquième, & la huitième entre la quatrième & la fixième.

Dans les régimens compofés d'un plus grand nombre d'efcadrons, on obfervera le même ordre, en plaçant alternativement les compagnies dans chaque efcadron, fuivant leur ancienneté.

Les compagnies qui devront fermer les efcadrons, fe formeront de la même manière que les autres.

Les compagnies ayant pris leur place dans l'efcadron, fe rendront, du lieu du rendez-vous général, fur celui qui aura été deftiné pour l'exercice, où elles fe formeront par compagnie dès que le terrein le permettra; & le régiment fe mettra en bataille fur deux rangs, les Officiers aux places qui leur font ci-après indiquées.

Lorfque quelques compagnies n'auront pû fournir le nombre prefcrit ci-après, on les égalifera enfemble, en leur faifant fe prêter des hommes mutuellement.

E'tendards. Si le régiment eft en garnifon, on commandera un Lieutenant & un Brigadier fur tout le régiment, un Cara- binier par chaque compagnie où il y a un étendard, & deux Cavaliers par chaque compagnie du régiment, lefquels fe rendront avec le Timbalier & tous les Trompettes, au lieu où font les étendards.

Le Lieutenant placera ce détachement fur un rang

dans l'ordre fuivant, commençant par la droite : quatre Cavaliers, la moitié des Trompettes, le Timbalier, l'autre moitié des Trompettes, quatre Cavaliers, les quatre étendards portés par les Carabiniers, & huit autres Cavaliers.

Il fera rompre cette troupe à droite par quatre. Les quatre premiers Cavaliers qui précéderont la première moitié des Trompettes, auront le moufqueton haut : il fe mettra à la tête des autres, qui auront le fabre à la main, & le Brigadier fuivra derrière.

Le Lieutenant conduira ainfi les étendards au lieu indiqué pour le rendez-vous général du régiment ; & dès que l'on les y verra arriver, on fera mettre le fabre à la main à tout le régiment.

Le Lieutenant, avec fa troupe entière, remettra les étendards à chaque compagnie, & ne renverra les Trompettes, ni aucun Cavalier de l'efcorte, qu'après que le dernier étendard aura été remis à fa compagnie ; alors lefdits Cavaliers rentreront à leurs compagnies par derrière les rangs.

A la fin de l'exercice, le régiment étant encore en bataille, le Lieutenant commandé raffemblera l'efcorte & les étendards, commençant par la première compagnie jufqu'à la dernière : après quoi on fera mettre le fabre à la main à tout le régiment, & l'efcorte repaffera à la droite pour conduire les étendards chez le Commandant du régiment, dans le même ordre ci-deffus indiqué.

Dans les camps, on fuivra, pour prendre les étendards, ce qui eft porté par l'inftruction pour le fervice de la Cavalerie.

LE Commandant d'un efcadron fe tiendra feul en
avant du premier rang, entre la 3e & la 4e compagnie
de l'efcadron.

Le Major & l'Aide-major, fans avoir de place fixe, fe
tiendront à portée du Commandant du premier & du
fecond efcadron, pour recevoir leurs ordres.

Soit que les efcadrons fe forment fur deux ou fur trois
rangs, les Capitaines feront dans le premier rang, les deux
de la droite à la droite de leur compagnie, les deux
des compagnies de la gauche à la gauche; les Lieutenans
feront de même dans le premier rang, ceux des deux
compagnies de la droite à la gauche : ceux des deux de
la gauche à la droite.

Lefdits Capitaines & Lieutenans feront les troifièmes
du rang, étant débordés de droite ou de gauche par les
deux Brigadiers ou Carabiniers.

Tous les Maréchaux-des-logis feront en ferre-file derrière le centre du fecond rang de leur compagnie.

Tous ces Officiers feront remplacés lorfqu'il en man-
quera, le Capitaine par le Lieutenant de la même compagnie, ainfi des autres, de grade en grade, fans jamais
faire paffer perfonne d'une compagnie à une autre.

Le Commandant du régiment fe fervira cependant des
Officiers réformés pour en remplacer d'autres, comme il
le jugera à propos.

Les Officiers qui feront dans les rangs feront compris
dans le nombre des vingt-quatre hommes que la compagnie devra fournir, de forte que le front de l'efcadron
fera

fera toûjours de quarante-huit files, & que chaque compagnie n'aura que vingt-deux Cavaliers.

Les Cavaliers dont ces Officiers tiendront la place, ainſi que ceux qui, dans chaque compagnie, excéderont le nombre de vingt-quatre, feront envoyés à la petite troupe que l'eſcadron devra former.

Les deux étendards de chaque eſcadron feront au premier rang à la ſeptième file, à compter de la droite & de la gauche de l'eſcadron lorſqu'il ſera ſur deux rangs; & à la cinquième file ſi l'eſcadron eſt ſur trois.

Les Trompettes feront ſur un rang à la droite de l'eſcadron, le Timbalier derrière ceux du premier eſcadron.

Lorſqu'on voudra rendre des honneurs, ſoit de pied ferme, ſoit en marchant, les Officiers ſe placeront à la tête de leur troupe; alors on fera paſſer le Cavalier qui eſt derrière le Capitaine, du ſecond rang au premier, pour rendre les deux rangs égaux. Les étendards feront portés par les Lieutenans des compagnies où ils ſont; & à leur défaut par les derniers Lieutenans de l'eſcadron.

Quand on marchera en colonne par compagnie, le Capitaine en prendra la tête, & il ſera de même remplacé par le Cavalier qui eſt derrière lui: le Lieutenant ſe tiendra ſur le flanc hors du rang, & le Maréchal-des-logis ſur le flanc oppoſé.

TOUTES les fois qu'un régiment prendra les armes *Petite Troupe.* en entier pour manœuvrer, on fera une petite troupe par eſcadron, des Cavaliers de chaque compagnie de cet eſcadron qui excéderont le nombre qui doit y être employé.

H

Cette troupe plus ou moins forte fera commandée par un Lieutenant & un Maréchal-des-logis, au choix du Commandant. Le Lieutenant fera remplacé au premier rang par le Maréchal-des-logis de fa compagnie; & en ce cas, il n'y aura plus que deux Maréchaux-des-logis en ferre-file derrière l'efcadron.

Cette petite troupe fera fur un rang, à vingt pas en arrière du centre de l'efcadron, elle exécutera les mêmes mouvemens que le refte de l'efcadron, foit qu'il marche en avant ou en arrière; & lorfqu'il fe rompra pour marcher en colonne, elle fe rompra en même temps fur deux ou fur quatre rangs, & marchera à même hauteur que l'efcadron lorfque le terrein le permettra, ou le fuivra derrière de fort près lorfqu'elle ne pourra marcher à côté.

On pourra auffi, lorfqu'elle fera affez nombreufe, la divifer en deux parties qui fe tiendront derrière la droite & derrière la gauche de l'efcadron.

Le Lieutenant fe tiendra à la tête & au centre de cette troupe, & le Maréchal-des-logis derrière; lorfqu'elle fera divifée, chacun d'eux fera à la tête d'une des parties.

On pourra quelquefois de deux efcadrons foibles en faire un complet; & alors la petite troupe fe trouvera du nombre de trente-deux Cavaliers.

Se mettre en bataille. LE régiment, en arrivant fur le lieu où il devra faire l'exercice, fe mettra en bataille, foit en avant, foit fur fa droite, foit fur fa gauche, fuivant la commodité du terrein; & il exécutera, pour cet effet, l'une des manœuvres ci-après, 7ᵉ, 9ᵉ ou 11ᵉ.

Le régiment étant en bataille, & les Officiers dans le rang aux places indiquées, on fera compter les rangs par quatre, y compris les Officiers.

On fera le maniement des armes si le Commandant du régiment le demande, commençant par les commandemens de l'inspection pour vérifier si les armes ne seront point chargées : à l'avertissement pour le maniement des armes, les Officiers marcheront en avant. On fera exécuter ensuite les manœuvres suivantes, que le Commandant fera commander par l'Officier qu'il jugera à propos, s'il ne veut pas les commander lui-même.

DES A DROITE ET A GAUCHE *PAR COMPAGNIE.*	Ire MANŒUVRE.

Comme à la septième manœuvre pour une compagnie.

Les Cavaliers du second rang auront attention à garder leurs Chefs-de-file.

DES A DROITE ET A GAUCHE *PAR COMPAGNIE SUR LE CENTRE.*	IIme MANŒUVRE.

Comme à la huitième manœuvre pour une compagnie.

DES A DROITE ET A GAUCHE *PAR DEUX COMPAGNIES.*	IIIme MANŒUVRE.

Prenez garde à vous. *Par deux compagnies, à droite.* *Marche.*	Ier Commandement.

La file de la droite de la première compagnie de l'escadron soûtiendra, & la file de la gauche de la troisième

H ij

marchera : la file de la droite de la quatrième foûtiendra, & la file de la gauche de la deuxième marchera ; le tout s'arrêtera au commandement *Halte.*

Prenez garde à vous.
Par deux compagnies, à gauche.
Marche.

La file de la gauche de la troifième compagnie foûtiendra, & celle de la droite de la première marchera : la file de la gauche de la deuxième foûtiendra, & la file de la droite de la quatrième marchera ; le tout s'arrêtera au commandement *Halte.*

3.me

Prenez garde à vous.
Par deux compagnies, demi-tour à droite.
Marche.

La file de la droite de la première compagnie foûtiendra, & celle de la gauche de la troifième marchera ; la file de la droite de la quatrième compagnie foûtiendra, & celle de la gauche de la deuxième marchera : on fera la demi-converfion, & l'on s'arrêtera lorfqu'on fe retrouvera aligné avec le refte de l'efcadron, faifant face du côté oppofé.

4.me

Prenez garde à vous.
Par deux compagnies, demi-tour à gauche.
Marche.

La file de la gauche de la troifième compagnie foûtiendra, & celle de la droite de la première marchera ; la file de la gauche de la deuxième compagnie foûtiendra, & celle de la droite de la quatrième marchera : on fera la demi-converfion, & on s'arrêtera comme il eft dit ci-deffus.

DES A DROITE ET DES A GAUCHE
PAR ESCADRON.

Prenez garde à vous.
Par efcadron, à droite.
Marche.

La droite de l'efcadron foûtiendra, la gauche marchera. Lorfque le Commandant de l'efcadron jugera que le quart de converfion fera fini, il dira *Halte*, & l'efcadron s'arrêtera.

Prenez garde à vous.
Par efcadron, à gauche.
Marche.

La gauche foûtiendra, la droite marchera, & s'arrêtera au commandement *Halte*.

Prenez garde à vous.
Par efcadron, demi-tour à droite.
Marche.

La droite foûtiendra, & la gauche marchera, & ne s'arrêtera que lorfqu'après la demi converfion elle fe trouvera alignée avec les autres efcadrons.

Prenez garde à vous.
Par efcadron, demi-tour à gauche.
Marche.

H iij

La gauche foûtiendra, la droite marchera, & s'arrêtera comme au troifième commandement.

On répétera cette manœuvre en marchant au trot très-légèrement, faifant les mêmes commandemens ; & à la fin de chaque mouvement on dira : *Marche..au trot.*

Vme MANŒUVRE.	*DEFILER PAR UN, DEUX, QUATRE.*

DEFILER PAR UN, DEUX, QUATRE.

Comme à la quinzième manœuvre pour une compagnie.

Le Capitaine prendra la tête de la compagnie qui défilera ; le Lieutenant fe tiendra fur le flanc du même côté où il étoit, & le Maréchal-des-logis fur le flanc oppofé.

Lorfqu'on marchera quatre, le dernier rang de chaque compagnie ne fera que de deux Cavaliers.

VIme MANŒUVRE.

DOUBLER LES RANGS ET SE REFORMER PAR COMPAGNIE.

Comme à la feizième manœuvre pour une compagnie.

La tête de chaque compagnie attendra pour marcher que fa queue l'ait rejointe : la première compagnie de l'efcadron fera halte, jufqu'à ce que les autres l'aient rejointe au trot, n'ayant entr'elles que l'intervalle néceffaire pour fe mettre en bataille ; & de même le premier efcadron d'un régiment fera halte, jufqu'à ce que les autres foient arrivés au trot ; le Commandant du fecond devant réferver, outre les douze pas néceffaires pour placer fa divifion, vingt-quatre autres pas pour l'intervalle d'un efcadron à l'autre.

Dès qu'on fe reformera par compagnie, les Officiers rentreront dans les rangs, le premier de chaque compagnie étant toûjours de dix Cavaliers; le fecond des deux compagnies des aîles, de onze; & le fecond des deux compagnies du centre, de douze.

Dans une marche de nuit, on continueroit à défiler au pas ou au trot, jufqu'à ce que l'on eût joint la divifion qui précède.

Toutes les manœuvres de la Cavalerie étant dérivées de celles qui précèdent, on ceffera de répéter les commandemens dans celles qui fuivent.

UN REGIMENT ETANT EN COLONNE PAR COMPAGNIE,	*VII.ᵐᵉ*
SE METTRE EN BATAILLE EN AVANT.	*MANŒUVRE.*

La première compagnie fe portera légèrement huit pas en avant, pendant que celle qui fuit fera à gauche par compagnie, & tout de fuite à droite par compagnie, pour fe former à la gauche de la première : toutes les autres continueront à marcher devant elles, jufqu'à ce que chacune étant arrivée où celle qui la précède a fait à gauche, elle n'ait plus que l'efpace néceffaire pour exécuter ce mouvement; & elle fera enfuite à droite par compagnie, lorfque fon premier rang fera arrivé à la hauteur de la gauche de la compagnie qui la précède.

SE ROMPRE ET MARCHER A DROITE	*VIII.ᵐᵉ*
PAR COMPAGNIE.	*MANŒUVRE.*

Cette manœuvre s'exécutera par un à droite par compagnie.

IX.ᵐᵉ
MANŒUVRE.

SE REMETTRE EN BATAILLE SUR SA GAUCHE.

DE même par un à gauche par compagnie.

X.ᵐᵉ
MANŒUVRE.

SE ROMPRE ET MARCHER A GAUCHE
PAR COMPAGNIE.

LA première compagnie ayant marché six pas en avant, fera à gauche par compagnie : celle qui est à sa gauche marchera aussi droit devant elle, & fera le même mouvement, & ainsi des autres; avec cette attention, que chaque compagnie marchera dès que celle qui la précède sera vis-à-vis la file de sa droite.

XI.ᵐᵉ
MANŒUVRE.

SE REMETTRE EN BATAILLE SUR SA DROITE.

LA première compagnie fera à droite par compagnie, & marchera six pas en avant: celle qui suit, marchant toûjours droit devant elle, fera de même à droite par compagnie dès que son premier rang sera à la hauteur de la file de la gauche de la compagnie qui la précède; & ainsi des autres, qui marcheront de même devant elles jusqu'à ce que leur premier rang soit à la hauteur de la gauche de la compagnie qui les précède.

XII.ᵐᵉ
MANŒUVRE.

SE ROMPRE ET MARCHER EN AVANT
PAR COMPAGNIE.

LA première compagnie marchera droit devant elle: les autres compagnies feront à droite par compagnie; & quand elles seront arrivées à la même hauteur que la première, elles la suivront en faisant un à gauche par compagnie.

On

On fera remettre le régiment en bataille en avant, comme à la feptième manœuvre.

MARCHER EN AVANT SUR UNE COLONNE
PAR ESCADRON.

ON fera à gauche par efcadron, enfuite à droite par compagnie.

SE REMETTRE EN BATAILLE.

ON fe remettra fimplement en bataille en faifant à gauche par compagnie, & à droite par efcadron; mais fi l'on vouloit fe remettre fur le même terrein, il faudroit faire à droite par compagnie, enfuite à droite par efcadron, & on fe remettroit par un demi-tour à droite par compagnie.

PASSER LE DÉFILÉ EN AVANT.

LE régiment étant en bataille devant le défilé, l'ennemi étant de l'autre côté, on fera avancer la compagnie du centre pour s'emparer du défilé, & le dépaffer de vingt pas : pendant ce temps, le refte du régiment appuyera de droite & de gauche pour ferrer fur le centre, & chaque compagnie paffera fucceffivement à la fuite de la première.

En arrivant de l'autre côté, les compagnies fe formeront de droite & de gauche à côté de la première qui aura paffé.

Si le défilé fe trouvoit vis-à-vis une autre compagnie que celle du centre, cette compagnie pourra également paffer la première, & les autres pafferont de même fucceffivement.

I

Si le défilé ne pouvoit contenir une compagnie de front, on paffera par demi-compagnie; de même que s'il étoit plus large, on pafferoit deux compagnies à la fois, obfervant de le remplir & de fuivre la méthode ci-deffus.

S'il y avoit un piquet ou une petite troupe, on les enverra les premiers s'emparer du défilé.

XVIme
MANŒUVRE.

PASSER LE DE'FILE' EN ARRIE'RE.

LORSQU'AYANT l'ennemi en tête on veut fe retirer & paffer un défilé qu'on a derrière foi, la compagnie du centre, ou celle qui fe trouve vis-à-vis du défilé, reculera jufqu'à ce qu'elle foit en arrière des deux rangs; alors elle fera demi-tour à droite par homme, paffera légère-ment le défilé, & fe mettra en bataille par le même mouvement, à vingt pas au moins en arrière du débouché.

Les autres compagnies de droite & de gauche de l'efcadron ferreront fur le centre en appuyant des talons, & pafferont fucceffivement le défilé, faifant la même manœuvre que la première compagnie: après l'avoir paffé, les compagnies de la droite feront un quart de converfion à gauche, enfuite un quart de converfion à droite pour reprendre leur place, après quoi elles feront demi-tour à droite par homme.

Celles de la gauche au contraire feront un quart de converfion à droite, enfuite un quart de converfion à gauche, & enfin demi-tour à droite par homme lorfqu'elles auront repris leur place.

La dernière compagnie à paffer, fans reculer, fera

demi-tour à droite par homme, & se jettera brusquement dans le défilé, qu'elle passera le plus légèrement qu'il lui sera possible.

Le piquet ou la petite troupe repasseront les derniers.

FAIRE CHARGER DEUX ESCADRONS.

L'OBJET de cette manœuvre est d'apprendre aux Cavaliers à suivre en ordre une troupe battue, & à se rallier lorsqu'ils auront été obligés de se retirer : ainsi en l'exécutant on donnera toute son attention à les contenir dans le premier cas, & à les faire reformer promptement dans le second.

On fera faire à droite par escadron au premier escadron, & à gauche par escadron au second : ils s'éloigneront ensuite l'un de l'autre de cinq ou six cens pas au moins, en marchant au pas, droit devant eux.

A un appel ou un autre signal indiqué, le premier escadron fera demi-tour à droite par escadron, & le second demi-tour à gauche, pour faire face l'un à l'autre.

On fera avancer la première & la quatrième compagnies du premier escadron, la deuxième & la troisième du second, pour former dans chaque escadron deux lignes à cent pas au moins l'une de l'autre : elles marcheront toutes ensuite en avant ; & lorsque les deux premières lignes des deux escadrons seront à vingt pas l'une de l'autre, on fera sonner la charge.

Les deux premières lignes s'approcheront au trot jusqu'à ce que les têtes des chevaux se touchent & les sabres se croifent; alors on fera fonner la retraite pour une de ces deux premières lignes, & elle fe repliera pour aller au galop fe rallier & fe former à cent pas au moins derrière fa feconde ligne, qui avancera au pas dès que celle-ci aura plié & fe fera rompue.

Les deux compagnies qui forment la première ligne du premier efcadron, ayant fuivi au petit trot celles du fecond qui fe font repliées devant elles, feront face à la feconde ligne de cet efcadron, & fe replieront à leur tour lorfqu'on fonnera la retraite, ainfi fucceffivement chaque ligne l'une après l'autre marchant au trot lorfqu'on fonnera la charge, & fe repliant lorfqu'on fonnera la retraite de fon côté.

Après avoir fait rentrer la feconde ligne de chaque efcadron dans la première, on fera marcher les efcadrons jufqu'à ce qu'ils n'aient plus qu'environ cent trente pas de diftance de l'un à l'autre; enfuite le premier efcadron fera à droite par efcadron, le fecond à gauche, & ils fe trouveront en bataille.

XVIII.me MANŒUVRE.

RETRAITE.

ON fera marcher en avant la première & la quatrième compagnies de chaque efcadron, pour former une première ligne à cent ou cent cinquante pas de la feconde.

Cette première ligne fera alors demi-tour à droite par compagnie, & marchera au grand trot jufqu'à cent pas au moins derrière fa feconde ligne, où elle fe remettra par le même mouvement.

La feconde ligne ne fe mettra en mouvement que

quand la première fera à fa hauteur : elle marchera alors dix pas en avant fort lentement, & fera enfuite demi-tour à droite par compagnie, pour fe porter au trot cent pas au moins derrière la première.

On répétera plufieurs fois cette manœuvre, en faifant retirer alternativement l'une des lignes derrière l'autre.

Pour fe remettre en bataille, les première & quatrième compagnies de chaque efcadron étant en avant, on fera rentrer dans leurs intervalles les 3es & 2es, & ferrer les efcadrons fur le centre de chacun, s'ils étoient trop ouverts.

BORDER LA HAIE POUR UNE REVÛE.

XIXme MANŒUVRE.

Comme à la dix-feptième manœuvre pour une compagnie.

Les Officiers fortiront du rang pour paffer à la tête de leur compagnie.

SE REMETTRE SUR DEUX RANGS.

XXme MANŒUVRE.

Comme à la dix-huitième manœuvre pour une compagnie.

LORSQU'ON voudra faire manœuvrer le régiment fur trois rangs, avant de le mener fur le terrein on le fera former, ainfi qu'il a été dit à la fin des manœuvres pour une compagnie, & on pourra lui faire exécuter toutes les manœuvres ci-deffus, à commencer de la troifième; obfervant que tout ce qui eft indiqué de faire par une compagnie, fe faffe par deux, n'étant pas poffible que les efcadrons formés fur trois rangs, fe rompent par compagnie.

L'exercice étant fini, le régiment retournera au lieu où il s'étoit affemblé, d'où on renverra les étendards; &

chaque compagnie fera ramenée par l'Officier qui la commandera, comme il a été dit à la fin des manœuvres pour une compagnie.

DES MANŒUVRES

POUR UNE TROUPE DE CINQUANTE MAISTRES.

CES troupes étant deftinées à aller en détachement, ou à être poftées en garde ordinaire, il eft néceffaire que les Officiers & les Cavaliers foient inftruits des manœuvres auxquelles elles doivent être employées.

Pour cet effet, on fera quelquefois divifer le régiment en plufieurs troupes de cinquante maîtres, auxquelles on attachera un Capitaine, deux Lieutenans & un Maréchal-des-logis.

Formation de cette troupe. CETTE troupe fera compofée (outre les Officiers ci-deffus) de deux Brigadiers, quatre Carabiniers, un Maréchal, un Trompette & quarante-deux Cavaliers.

Ils fe placeront tous fur un rang, les Cavaliers de chaque compagnie enfemble. Le Capitaine fera l'infpection des hommes & des chevaux, & il fera exécuter les commandemens pour celle des armes.

Il fera enfuite marcher en avant les Brigadiers & Carabiniers, & derrière eux la moitié des Cavaliers de chaque compagnie, pour que tous les Cavaliers d'une même compagnie ne foient pas au premier rang; & il formera enfuite fa troupe dans l'ordre fuivant.

Première Division.

Un Brigadier à la droite, cinq Cavaliers à sa gauche.
Second rang : un Carabinier à la droite, cinq Cavaliers à sa gauche.

Deuxième Division.

Un Carabinier à la droite, cinq Cavaliers à sa gauche.
Second rang : six Cavaliers.

Troisième Division.

Cinq Cavaliers, un Carabinier à leur gauche.
Second rang : six Cavaliers.

Quatrième Division.

Cinq Cavaliers, un Brigadier à leur gauche.
Second rang : cinq Cavaliers, un Carabinier à leur gauche.

Chaque division sera aux ordres de son Brigadier ou Carabinier.

Le Capitaine se placera au centre en avant entre la deuxième & la troisième division, le premier Lieutenant à la droite, le second Lieutenant à la gauche, l'un & l'autre alignés avec le rang ; & le Maréchal-des-logis derrière.

Le Capitaine fera compter sa troupe par deux, & il marquera les droites & les gauches de chaque division.

DÉFILER PAR UN, DEUX, TROIS.

I.re MANŒUVRE.

Chaque division étant censée une troupe séparée, lorsqu'on fera défiler par un, deux, trois, toute la première division défilera de suite, & sera suivie par la deuxième.

SE REFORMER.

II.me MANŒUVRE.

CHAQUE divifion fe formera d'abord fur deux rangs, la première ayant attention de faire halte pour attendre les autres; après quoi elles formeront la troupe en avant, obfervant ce qui eſt expliqué à la fixième manœuvre pour un régiment.

III.me MANŒUVRE.

DES A DROITE ET A GAUCHE
PAR DEMI-TROUPE.

ON fera des à droite, des à gauche, des demi-tours à droite, & des demi-tours à gauche par deux divifions ou par demi-troupe. Les Officiers manœuvreront avec la divifion à laquelle ils font attachés.

IV.me MANŒUVRE.

DES A DROITE ET A GAUCHE
PAR DEMI-TROUPE SUR LE CENTRE.

ON fera à droite, à gauche, demi-tour à droite & demi-tour à gauche fur le centre par demi-troupe.

V.me MANŒUVRE.

DES A DROITE ET A GAUCHE
PAR TROUPE.

ON répétera les mêmes mouvemens par troupe entière. C'eſt la feule manière par laquelle on puiffe faire face à droite ou à gauche.

VI.me MANŒUVRE.

DETACHER UNE AVANT-GARDE.

ON fera marcher le Lieutenant en avant avec la divifion de la droite, dont il prendra la tête: il fe tiendra toûjours à cent pas au plus de la troupe, & fe fera précéder par deux vedettes à trente pas de lui; & cette

avant-

avant-garde fera haut le moufqueton qu'elle aura dégagé
& accroché.

L'avant-garde fe rejoindra à la troupe lorfque le Lieutenant en recevra l'ordre, en fe portant un peu fur la
droite de la troupe & au-delà de fon fecond rang, où
en faifant foûtenir fa droite elle reprendra fa place par
une demi-converfion.

DÉTACHER UNE ARRIÈRE-GARDE.

VII.me
MANŒUVRE.

LE fecond Lieutenant demeurera cent pas au plus
derrière la troupe avec la divifion de la gauche, & fe
fera fuivre de deux Cavaliers à trente pas de lui; & cette
arrière-garde fera de même haut le moufqueton.

Il rejoindra la troupe en marchant en avant lorfqu'il
en recevra l'ordre, & y reprendra fa place.

PLACER UN PETIT CORPS-DE-GARDE.

VIII.me
MANŒUVRE.

LE Capitaine ira lui-même pofter fon petit corps-de-
garde, compofé d'une des divifions de fa troupe, &
placera les vedettes qui devront entourer, non feulement
le petit corps-de-garde, mais même fa troupe.

Ce petit corps-de-garde fera relevé alternativement
par chaque divifion, & le Maréchal-des-logis marchera
avec chacune des deux divifions du centre.

FAIRE FACE DE QUATRE COSTÉS.

IX.me
MANŒUVRE.

ON indique cette manœuvre comme utile pour une
garde ordinaire qui, étant inquiétée par des troupes

K

légères, veut garder fon pofte jufqu'à ce qu'elle foit fecourue.

Pour l'exécuter, le Capitaine commencera par faire rentrer fon petit corps-de-garde qui aura retiré fes vedettes, enfuite il fera les commandemens fuivans:

Prenez garde à vous.

Je parle au premier rang.

Six pas en avant.

Marche.

Le rang marchera fix pas, & s'arrêtera au commandement de *Halte.*

2.me

Prenez garde à vous.

Je parle au fecond rang.

Par divifion fur le centre, demi-tour à droite.

Marche.

Les droites de chaque divifion reculeront; les gauches avanceront pour faire la demi-converfion à droite.

3.me

Prenez garde à vous.

Je parle aux divifions de droite & de gauche.

Formez le quarré.

Marche.

Les divifions de droite & de gauche de chaque rang

feront un quart de converfion en arrière, jufqu'à ce qu'elles aient fermé l'intervalle des deux rangs, en formant le quarré.

Les Officiers feront ce mouvement avec les Cavaliers, moyennant quoi il s'en trouvera un au centre de chaque face, pour avoir attention à y faire ménager le feu à propos.

R E F O R M E R   L A   T R O U P E.   Xme MANŒUVRE.

Pour reformer la troupe, on fera les commandemens ci-après.

*Prene*z *garde à vous.*   Ier Commandement.

*Aligne*z*-vous fur le centre de vos rangs.*

Marche.

Les divifions de droite & de gauche des deux rangs qui ont reculé, faifant leur quart de converfion en avant, à gauche & à droite, s'aligneront fur le centre de leur rang.

*Prene*z *garde à vous.*   2.me

Je parle au fecond rang.

Par divifion fur le centre, demi-tour à droite.

Marche.

Comme au fecond commandement de la manœuvre ci-deffus.

K ij

3.me

Prenez garde à vous.

Serrez vos rangs.

Marche.

Le fecond rang ferrera fur le premier.

XI.me
MANŒUVRE.

SE RETIRER.

LORSQU'AU contraire une garde ordinaire voudra fe replier fur le camp, le Capitaine ordonnera aux trois divifions de la droite de faire une demi-converfion à droite; & la divifion de la gauche marchera quelques pas en avant pour foûtenir fa troupe, pendant qu'elle fait fon mouvement & qu'elle fe porte au trot en arrière, où elle fe remettra en bataille; après quoi cette divifion fe repliera au trot pour aller la rejoindre.

Le Capitaine pourra ordonner enfuite aux trois divifions de la gauche, de faire le demi-tour à gauche; & la divifion de la droite marchera de même quelques pas en avant, ainfi fucceffivement, faifant face de temps en temps, & ayant attention de marcher en ordre.

Si on vouloit fe retirer avec un nombre un peu confidérable de troupes de cinquante maîtres, on les mettra fur deux lignes, & on fuivra ce qui eft prefcrit à la dix-huitième manœuvre pour un régiment; obfervant que lorfqu'on fera la demi-converfion, ce mouvement fe fera par demi-troupe pour le rendre plus prompt, & approcher fon flanc moins près de l'ennemi.

Après les manœuvres finies, les Officiers & Cavaliers qui y auront été employés rentreront dans leurs compagnies.

DES SIGNAUX.

LORSQUE dans un exercice on voudra commander à un affez grand nombre d'efcadrons ou de troupes, pour que la voix ne puiffe pas fe faire entendre au total, on fe fervira des fignaux ci-après, & on aura foin d'exercer la Cavalerie à en faire ufage, afin qu'elle ait une connoiffance parfaite des mouvemens qu'ils indiquent.

Un appel fera deftiné à prévenir qu'on va faire quelque mouvement; & à ce fignal chaque Commandant dira: *Prenez garde à vous.*

Lorfqu'il fera fuivi immédiatement par la marche, on marchera en avant, le Commandant difant *Marche.*

Lorfqu'après le premier appel on fonnera un *ton bas*, le mouvement fe fera par compagnie ou par demi-troupe de cinquante maîtres, & le Commandant dira: *Par compagnie* ou *par demi-troupe.*

Si on fonne deux *tons bas*, le mouvement fe fera par deux compagnies; & le Commandant dira: *Par deux compagnies.*

Si on ne fonne point de *tons bas*, le mouvement fe fera par efcadron ou par troupe entière.

Les demi-appels indiqueront l'efpèce du mouvement:

un demi-appel fignifiera un quart de converfion à droite, deux demi-appels un quart de converfion à gauche, trois demi-appels une demi-converfion à droite, quatre demi-appels une demi-converfion à gauche : alors le Commandant dira : ou *à droite* ou *à gauche, faites un quart de converfion*, ou *demi-tour à droite* ou *demi-tour à gauche*. Il ne dira *marche* que lorfqu'enfuite on fonnera la *marche*; & alors on fe mettra en mouvement pour exécuter enfemble la manœuvre indiquée.

Lorfque dans une colonne de Cavalerie un peu confidérable, les derniers efcadrons fe trouveront obligés de galopper, ils feront fonner un appel qui fera répété jufqu'à la tête, d'efcadrons en efcadrons; alors la tête fera *halte* pour attendre la queue, & ne fe remettra en marche que lorfque le dernier efcadron ayant rejoint, il aura fait fonner la *marche* qui fera de même répétée d'efcadrons en efcadrons.

FAIT à Verfailles, le quatorze mai mil fept cent cinquante-quatre. *Signé* M. P. DE VOYER D'ARGENSON.

www.ingramcontent.com/pod-product-compliance
Lightning Source LLC
Chambersburg PA
CBHW070857280326
41934CB00008B/1484